MOYEN
TRÈS ÉQUITABLE

DE

RÉPARER UNE GRANDE PARTIE

DES

DÉSASTRES DE LA FRANCE.

1815.

MOYEN

TRÈS ÉQUITABLE

DE

RÉPARER UNE GRANDE PARTIE

DES

DÉSASTRES DE LA FRANCE.

In omnibus quidem, maximè tamen in jure, æquitas spectanda sit.
L. 90. ff. Liv. 50. tit. 17. de div. reg. jur. ant.

AU commencement de 1815, l'Europe était en paix, la France commençait à réparer ses pertes et apercevait, enfin, le terme de ses longs malheurs : cependant une nouvelle sédition s'organisait, des agens secrets la préparaient, la dirigeaient ; tout-à-coup l'ennemi de l'Europe paraît entouré des complices de la faction dont on connaissait à peine l'existence : les conjurés

avaient disposé leurs bandes armées de telle manière que.la rébellion devenait plus formidable à mesure que le chef approchait de la capitale de la France : les uns, à l'aide de mensonges absurdes, trompaient les plus crédules ; d'autres, par des distributions d'argent, corrompaient la classe indigente ; d'autres levaient des impôts ; d'autres fermaient les ateliers pour forcer les ouvriers à chercher, dans les camps de la révolte, la subsistance que leur industrie ne pouvait plus leur procurer ; d'autres enfin tournaient contre le Roi, les armes qu'ils avaient reçues de lui.

La miséricorde divine nous a délivrés de l'ennemi commun qui a été mis hors d'état de nuire ; mais toutes les ressources sont épuisées ; par tout la détresse est à son comble ; beaucoup de pères de famille sont dans la désolation et réduits à la plus affreuse misère ; tous ont éprouvé des pertes énormes, tandis que les factieux jouissent, en paix, de leurs richesses qui sont, peut-être, les fruits de leurs rapines ou de leurs parjures : cependant ces rebelles sont les seuls artisans directs et personnels d'une partie de nos malheurs ; cependant une autre partie est la suite de l'invasion étrangère nécessitée par les forfaits de ces séditieux ; cependant, enfin, par la résistance qu'ils ont opposée aux troupes alliées de la France et du Roi , ils ont été la cause de l'accroissement de ces malheurs , ensorte que , par tout et sous tous les rapports , les conspirateurs qui ont préparé , organisé , excité , dirigé ou favorisé le complot qui avait pour but de détrôner le légitime Souverain , sont , incontestablement , les seuls auteurs de tous les dommages qu'éprouvent les bons citoyens , les vrais amis de la Patrie et du Roi.

Qui doit , le plus , contribuer à la réparation de ces dommages ?

La simple raison répond à cette question ; l'équité naturelle impose , à l'auteur d'un dommage , l'obligation de le réparer.

« Le Droit (suivant d'Aguesseau) n'est autre
» chose que l'assemblage ou la suite des règles
» par lesquelles nous devons faire le discernement
» de ce qui est *juste* et de ce qui ne l'est pas ,
» pour nous conformer à l'un et nous abstenir
» de l'autre. » (1)

Il ne peut donc y avoir aucun doute que les auteurs de la rébellion , qui tendait à détrôner Louis XVIII , doivent (autant que leurs fortunes le comporteront) réparer les dommages qui sont la cause immédiate de leur sédition.

______

(1) D'Aguesseau, institution au droit public : définition du droit.

Malheureusement, les désastres sont tels que tous leurs biens, même réunis, seront loin de suffire à l'acquittement des *dépenses indispensables*, et il sera impossible que la répartition des impôts extraordinaires ne s'étende pas sur ceux qui ne pouvaient opposer qu'une force d'inertie à ces brigands, mais ne cessaient de demander au Dieu des armées le triomphe de la bonne cause.

Nous allons, n'en doutez pas, lecteurs, nous allons entendre les conjurés et leurs partisans s'écrier qu'une pareille mesure porterait atteinte à la Charte qui abolit la confiscation, puisqu'elle absorberait la totalité de leurs fortunes personnelles.

Il y aurait de l'inhumanité à ne pas dissiper les cruelles inquiétudes que ces Messieurs conçoivent sur le sort de cette Charte, aujourd'hui l'objet de leur tendresse : pour éviter tout reproche de cette nature, je ne terminerai pas cette discussion sans prouver que tous mes raisonnemens sont d'accord avec la Charte, et que c'est d'après son texte même que je réclame le faible dédommagement qui ne peut être refusé, ni d'après le strict droit, ni d'après les principes d'équité naturelle.

Si un scélérat, en faisant sauter un arsenal, avait détruit les propriétés publiques et parti

(7)

culières adjacentes, si Monsieur le Procureur-
général assignait le coupable en réparation de
tous les dégâts dont cet homme aurait été
l'auteur, si celui-ci soutenait qu'on ne peut
prononcer contre lui aucune condamnation civile, attendu qu'il n'a pas dequoi réparer,
complettement, les préjudices qui proviennent
de l'explosion, attendu enfin que, la valeur
des indemnités dues à toutes les parties souffrantes excédant sa fortune, ce serait indirec-
tement, rétablir la confiscation abolie pour
jamais; certes, aucun tribunal n'admettrait une
pareille défense : car ce serait dire, hautement!,
aux incendiaires :

« Ayez la précaution de ne brûler que des
» propriétés dont le prix surpasse votre fortune :
» dans ce cas, *mais seulement dans ce cas*,
» vous conserverez pour vous, vos héritiers
» et vos complices, toutes vos richesses. »

Jusqu'ici, nous n'avons raisonné que d'après
les principes de l'équité naturelle ; appuyons,
actuellement, ces raisonnemens par quelques
unes des règles écrites positivement dans le
Droit français soit constitutionnel, soit pénal,
soit civil, et examinons ce que prescrivait la
législation, depuis l'instant de la publication de
la Charte de 1814, jusqu'à celui de la con-
sommation du délit dont est question et dont
il s'agit de réparer les suites.

La Charte, art. 68, dispose ainsi :

« Le Code civil et les lois actuellement exis-
» tantes qui ne sont pas contraires à la pré-
» sente Charte restent en vigueur, etc. »

Ces termes précis n'ont pas besoin de com-
mentaires.

Art. 66, elle abolit la confiscation, comme
peine du délit ; mais, d'après l'art. 68, le Code
civil et les lois existantes restent en vigueur.

« Tout fait quelconque de l'homme qui cause
» à autrui un dommage, oblige celui par la
» faute duquel il est arrivé, à le réparer. »

« Chacun est responsable du dommage qu'il
» a causé, non-seulement par son fait, mais
» encore par sa négligence ou par son impru-
» dence. »

Ainsi l'a décidé (art. 1382 et 1383) le Code
civil qui, d'après la charte, reste en vigueur.

Il résulte de l'ensemble et de la combinaison
de ces articles que, malgré l'abolition de la
peine de la confiscation, tout auteur d'un dommage est tenu civilement de le réparer, et qu'il
ne peut présenter, comme excuse, ni sa négligence, ni son imprudence.

Pour établir que, *toujours*, avant comme
après l'abolition de la confiscation, le Législateur a voulu que la réparation du dommage eût
privilège, préférence, priorité sur tout autre

(9)

intérêt, même celui du fisc, il n'est pas inutile de citer, ici, les termes de l'art. 38 du Code pénal.

« La confiscation demeure grévée de toutes » les dettes légitimes, jusqu'à concurrence de » la valeur des biens confisqués. »

Avant l'abolition de la confiscation comme *peine*, l'Etat entrait en possession des biens du condamné, à la charge d'acquitter les dettes légitimes. (Ainsi le voulait le Code pénal.) Au rang des dettes légitimes, est la réparation du dommage. (Ainsi le veut le Code civil.) Donc les biens de l'auteur du dommage, en quelques mains qu'ils se trouvassent, étaient grevés de l'obligation purement civile de réparer ce dommage. Aujourd'hui, la confiscation est abolie comme *peine* ; l'auteur du délit ou son héritier, conserve le bien ; mais ce bien ne peut rester dans les mains de l'auteur du dommage, (coupable ou non d'un délit) ou être transmis à son héritier, qu'à la charge d'acquitter les dettes légitimes : la réparation du dommage est une de ces dettes ; donc, soit l'auteur du dommage, soit son héritier, doit le réparer, et après cette réparation effectuée (comme dette légitime) le surplus des biens reste libre.

Puisque, quand la confiscation subsistait comme *peine* du délit, celui qui avait éprouvé un dommage exerçait son action sur les biens du condamné , parce qu'aux termes du Code civil, c'était une dette légitime , et parce que la confiscation (aux termes du Code pénal) était grevée de toutes les dettes légitimes , comment pourrait-on soutenir , aujourd'hui , que le Gouvernement qui payait le dommage sur la valeur des biens confisqués comme *peine* , a (en renonçant à cette confiscation) et par le seul effet de cette renonciation , abandonné aussi ses droits à la réparation civile du dommage ? Comment pourrait-on soutenir , aujourd'hui, que le Législateur (qui voulait que les dommages fussent réparés comme dettes légitimes qui grevaient les biens confisqués) ne veut plus que ces dommages soient réparés , depuis qu'il n'y a plus de confiscation ?

A l'époque du délit, la législation civile voulait que tout dommage fût réparé par son auteur : la charte a conservé , adopté cette législation ; c'est sous l'empire de ces lois constitutionnelle et civile que le délit a été commis , que la ruine de l'Etat a été consommée : ainsi aucun conjuré ne pouvait ignorer que ces lois lui seraient applicables , si le complot ne réussissait pas ; mais il fallait conserver , ou conquérir des majorats , des dotations, des traitemens indispensables pour faire face aux dépenses excessives d'une vie voluptueuse et souvent scandaleuse.

Résister à une si forte tentation , était chose difficile à ces êtres immoraux, ils y ont succombé, ils ont trahi leurs devoirs et entraîné leur patrie au bord du précipice !

Qui peut donc empêcher qu'on leur applique les lois dont ils connaissaient la sévérité et qu'ils ont osé braver, puisque , sciemment et volontairement , ils ont couru le risque ou de faire une fortune brillante mais illicite , ou de réduire à la misère eux , leurs héritiers et leurs concitoyens.

Ayant contr'eux le droit naturel et le droit positif, il semble que les partisans de cette ligue impie devraient se résigner et, faisant un retour sur eux mêmes , se disposer , volontairement , à venir (autant qu'il leur serait possible) au secours de ceux dont ils sont devenus les fléaux ; mais leur impudeur est aussi étonnante que leur perfidie.

Tenons pour certain que, pour conserver leurs biens , ils vont encore prendre le masque du patriotisme : attendons-nous qu'ils vont prêcher la paix , cette paix qu'ils n'ont pas craint de troubler , quand ils espéraient trouver leur intérêt à bouleverser l'Europe entière : ils ne manqueront pas de faire publier par leurs affidés que, dans un moment où ils est si intéressant de réconcilier les français entr'eux , le généreux Monarque qui nous gouverne (malgré eux) doit s'opposer à des recherches qui auraient pour but de réduire à la mendicité quelques êtres égarés qui ont cru voir le salut de leur pays , où il n'était pas réellement.

Je ne pense pas que beaucoup de personnes croient à cet égarement ; mais , quand même ils auraient été égarés , il faudrait toujours que les parties souffrantes reçussent ces soulagemens que leur promet la loi qui prononce que chacun est responsable du dommage qu'il a causé non seulement par son fait , mais encore par sa né-gligence ou par son imprudence. (1)

On ne saurait trop insister sur la distinction à faire entre le crime qui entraînerait conjointe-ment la peine capitale et la réparation du dom-mage , où le quasi – délit qui n'emporte que l'obligation civile de la réparation du dommage.

Le scélérat qui , de dessein prémédité , a in-cendié une grange sera puni criminellement , et de plus , il sera condamné civilement à la répa-ration du dommage.

____

(1) Ces villages dévastés , ces propriétés publiques et par-ticulières pillées ou détruites l'ont été par le fait , ou par la négligence , ou par l'imprudence de quelqu'un : les auteurs sont connus : il ne s'agit que de leur appliquer les art. 1382 et 1383 du Code civil conservés par la charte.

Déjà le Gouvernement , dans son Instruction insérée au Journal de Paris du 20 septembre 1815 , a annoncé que les parties lesées devaient être indemnisées : le principe n'est pas méconnu ; mais cela ne suffit pas, il faut le mettre en pratique.

L'imprudent, le négligent qui, même dans un état d'ivresse, ou de colère, ou d'égarement, ou de folie, aura incendié une ferme pourra, peut-être et suivant les circonstances, n'être pas puni criminellement ni même correctionellement; mais toutes les règles de la raison, de l'équité naturelle et du droit positif exigent impérativement qu'il soit condamné civilement à la réparation du dommage qu'il aura causé.

Au surplus je suis loin de demander le rétablissement des comités révolutionnaires, ou des recherches, ou de salut public, ou de sureté générale ; mais je sollicite l'action du ministère public et des juges constitutionnellement établis: je désire qu'on fasse aux conjurés cette seule interpellation.

« Reconnaissez-vous que, par votre faute, » ou par votre négligence, ou par votre impru- » dence la patrie a éprouvé un dommage ? »

En cas de déni, enquête respective : chacun, comme dans toutes les causes qui intéressent l'Etat, développera ses moyens d'attaque et de défense.

Quel sera le mode de l'introduction de l'instance, demanderont probablement ceux qui affectent, aujourd'hui, d'exiger de la régularité dans les opérations du Gouvernement royal, que naguères ils attaquaient à coups de canons, de bayonnettes , ou de piques ? Cette forme sera très-simple et extrêmement juridique.

Chaque ministre a , dans ses bureaux , tous les renseignemens qui indiqueront ceux qui ont préparé , organisé , excité , dirigé , ou favorisé le complot qui tendait à détrôner notre Souverain légitime : chaque ministre adressera sa liste aux procureurs généraux du domicile des individus indiqués : ceux-ci seront assignés , se défendront en première instance , sur l'appel , même en cassation et , après la décision définitive passée en force de chose jugée , l'administration des domaines entrera en possession des biens de ceux qui auront été condamnés à la réparation des dommages.

Par ce moyen , l'Etat recouvrera quelques millions qui seront d'autant moins imposés sur l'universalité des propriétaires qui ont tant souffert de cette sédition.

Un Gouvernement juste peut - il refuser à tant de parties souffrantes cette faible indemnité ?

Dans une faillite malheureuse , qui entreprendrait de persuader aux créanciers qu'il est juste d'abandonner tout au débiteur , parce qu'une perte de soixante-quinze pour cent serait inévitable ?

Les fautes sont personnelles, dira-t-on encore :

si ce conspirateur est décédé juridiquemeut ou naturellement depuis le délit, sa veuve et ses héritiers seront-ils assignés ?

Oui, sans doute ; mais en jugeant, on fera les distinctions de droit relativement à tous les objets qui pourraient n'avoir pas été libres dans la main de celui qui devait réparer le dommage ; quant aux héritiers, on appliquera ce principe que nul n'est héritier que de ce qui reste après toutes les dettes payées, et cette application est encore de toute justice, puisque cet héritier aurait, ainsi que son auteur, profité des bénéfices illicites espérés par les conjurés, si le bras du Tout-Puissant n'eût arrêté ces audacieux. Quant à la veuve, elle aura tous ses biens personnels intacts, même les donations jugées valides par le Tribunal saisi de l'affaire.

Telles sont les réflexions qui m'ont été suggérées par un ardent amour pour ma patrie (1)

---

(1) Je doute que tous les français soient d'opinion unanime sur la valeur de ces mots : *ardent amour de la Patrie ;* au moins la conduite de quelques uns semble indiquer que leurs actions ne sont pas en accord pafait avec leur doctrine ; mais, peut-être, le symbole politique n'est pas universel.

Quant à moi, voici ma profession de foi.

Aimer ardemment sa Patrie ,

C'est renoncer à son intérèt personnel, à ses affections particulières, lorsque le bien public l'exige ;

C'est être sincèrement attaché au Roi, légitime héritier

et par les sentimens de commisération que tout
homme juste et sensible doit éprouver, en pen-
sant aux pères de famille réduits au désespoir par
la misère qui les accable eux et leurs enfants,
et qui est la conséquence immédiate des atten-
tats de ces traîtres ambitieux qui ne voyaient le
salut de la France que dans l'accroissement de
leurs fortunes.

---

du bon Henri, parce que, sans la légitime succession au
Trône, la France ne peut être ni heureuse ni tranquille ;

C'est faire tous ses efforts pour que les vérités utiles pé-
nétrent jusqu'au Monarque ;

C'est s'attacher fortement à la charte de 1814, parce
qu'elle seule peut nous garantir du despotisme et de la licence
qui amenerait nécessairement l'anarchie : Charte d'autant plus
précieuse pour nous, qu'elle émane du Roi lui-même, qui
veut ne régner que par elle et avec elle, quoiqu'il ne tienne
son sceptre que de Dieu et de ses ancêtres.

Quiconque aurait quelques unes de ces qualités, mais ne
les réunirait pas toutes, servirait mal son pays.

Enfin il est hors de doute que ceux qui auraient l'idée
qu'on peut aimer sa Patrie, sans aimer autant le Roi et la
Charte, ou qu'on peut aimer le Roi, sans aimer autant sa
Patrie et la Charte, auraient des opinions également dan-
gereuses.

LOTTIN DE SAINT-GERMAIN, Imprimeur du ROI et de la Préfecture
de Police, rue de Nazareth, Palais de Justice.